LETTRE

D'UN

ÉLECTEUR ÉLIGIBLE,

A SON AMI,

ÉLECTEUR COMME LUI.

Ridiculum acri.
HORAT.

Il faut rire, rire,
Toujours rire.
DÉSAUG....

Je vous engage; je vous conjure; je vous supplie de ne pas me nommer Deputé.

Lettre d'un Electeur éligible

Février 1828.

A PARIS,

Chez PETIT, Libraire, Galerie de Bois, au Palais-Royal.

IMPRIMERIE DE Mme. Ve. PORTHMANN,
RUE SAINTE-ANNE, No. 43.

LETTRE

D'UN ÉLECTEUR ÉLIGIBLE,

A SON AMI,

ÉLECTEUR COMME LUI.

MON AMI,

N'êtes-vous pas, comme moi, surpris d'une stupide admiration, à l'aspect d'un si grand nombre de modestes Candidats, célébrant à l'envi, dans leurs Circulaires et dans les Journaux, les rares qualités dont, s'il faut les en croire, la nature les a si abondamment pourvus ?

Ne vous sentez-vous pas, en lisant tous ces pompeux appels à l'attention publique, disposé à vous écrier, à l'instar de je ne sais quel citoyen d'Athènes, de Thèbes, de Sparte ou de Rome : *O mon pays, que je te trouve heureux de renfermer dans ton sein tant d'excellens hommes, qui valent mieux que moi !*

Oh ! combien je félicite cette belle et noble France, mon incomparable Patrie, de voir sur son sol, si fécond en Grands Hommes, fourmiller cette foule de citoyens recommandables à tant de titres, et si dignes, par leurs vertus, leur désintéressement, mais surtout par leur fortune *indépendante*, de la représenter dans cette enceinte auguste, où, à travers tant de discours brillans, quelquefois passionnés, tant de vociférations bruyantes, quelquefois menaçantes ; tant de discussions orageuses, quelquefois scandaleuses, se discutent, se délibèrent, se votent si consciencieusement nos lois et notre budjet !

Oh ! que je suis fier et glorieux de me trouver, par le plus heureux hasard, l'un de ces 25 millions d'individus composant ce peuple français, si brave, si brillant, si généreux, à si juste titre signalé, par nos voisins, comme le plus susceptible du monde, et au milieu duquel se rencontre une si grande affluence de sujets distingués par l'étendue de leurs connaissances en administration publique ; par la profondeur de leur instruction en la science du gouvernement, de la diplomatie, de la législation ; par la hauteur de leur mérite, de leur talent et de leur capacité !

Il faut convenir qu'en examinant attentivement les titres avec lesquels ces étonnans contemporains se présentent dans l'arène de la candidature, on se sent, malgré soi, obligé de les trouver bien recommandables ; car presque tous, chacun dans son état, métier, profession, place ou fonction, se sont enrichis en faisant preuve d'une vaste intelligence, d'un immense amour pour le bien public, et sont parvenus ainsi à se consolider une fortune brillante, qui les rend indépendans au point de jurer qu'ils ne solliciteront et ne recevront jamais une faveur du Pouvoir; ce qui, pour certains d'entre eux, doit paraître très-magnanime, lorsqu'après avoir long-temps et largement profité de ses faveurs, ils se trouvent dans l'heureuse situation de s'en passer désormais.

Plusieurs même n'ont pas eu la peine d'amasser leur fortune indépendante.

Ils ont pris seulement le soin, très-pénible, mais surtout bien recommandable, de recueillir avec ordre et intelligence le riche héritage que leurs auteurs, honnêtes, laborieux, paisibles et *silencieux* artisans, à force de travail, à la sueur de leur front, et à l'aide d'une patiente et sage économie, sont parvenus à assurer à leurs chers enfans, et que ceux-ci font aujourd'hui retentir bien haut, sous le nom sonore de *fortune indépendante*, qui les rend indubitablement capables de faire des lois, de s'immiscer, en connaissance de cause, dans les grandes opérations du Gouvernement, et même de s'impatroniser, au besoin, dans les intérêts du Trône, en déclarant, dans des mouvemens oratoires, très-énergiques, sans doute, pour rassurer d'autant la légitimité, qu'ils sont enfans de la Révolution; qu'ils en adoptent tous les principes, dont ils seront constamment les plus fermes soutiens; qu'enfin ils se montreront zélés gardens défenseurs de toutes les belles choses qu'elle nous a léguées.

Mais ne pourrait-on pas appliquer à tous ces habiles gens, la judicieuse observation que faisait dernièrement, au sein du Parlement anglais, M. Leycester?

« Je ne pense pas, disait-il, en termes équivalens, que la carrière d'un Artisan, d'un » Bijoutier, d'un Tailleur, d'un Orfévre, d'un » Imprimeur, d'un Pharmacien, voire même » d'un Notaire ou d'un Agent d'affaires, soit » la meilleure école pour former un bon Dé- » puté; que ce soit dans ces états ou profes-

» sions qu'on acquière la science du Gouver-
» nement, les connaissances et la capacité
» nécessaires, et non moins utiles que l'indé-
» pendance et l'incorruptibilité, pour discu-
» ter avec talent, sagesse, discernement et im-
» partialité, de grandes questions d'Etat; *car*
» *tous ces métiers sont bien différens du savoir*
» *politique.* »

En effet, et sans doute vous en avez souvent fait la remarque, dont je n'entends faire ici aucune allusion malicieuse ou désobligeante, on peut être un enfant de la Révolution, et n'être pourtant qu'un très-vilain enfant, et un fort mauvais sujet;

On peut avoir hérité de la fortune du papa et de la maman, et n'être encore qu'un sot riche, un fort respectable imbécille; ce qui n'est pas rare;

On peut être un adroit ouvrier, un habile artisan, un heureux spéculateur à la bourse et sur les denrées coloniales, un très-honnête débitant de café, de poivre, de savon; savoir, comme dit Boileau, habiller proprement le sucre et la canelle;

On peut être un loyal et très-consciencieux marchand de bois ou de vins; on peut, à l'aide d'opérations chimiques, pharmaceutiques, etc., fabriquer, composer avec habileté toutes sortes de drogues, de mixtures, de préparations, de boissons, de sirops béchiques, pectoraux, antiscorbutiques, pour la santé de ses concitoyens, au risque même de leur donner des coliques effroyables, et quelquefois mortelles ;

On peut, par tous ces moyens, récolter beaucoup d'argent, se créer une fortune indépendante, et n'avoir amassé cependant aucune des qualités et connaissances requises pour constituer un bon et loyal Député, pour représenter dignement une grande Nation, pour devenir le Législateur d'un grand Peuple ; n'être enfin qu'un heureux élu de l'aveugle fortune, encroûté d'ailleurs d'une épaisse ignorance, et capable, dans sa lourde et grossière suffisance, de dire, en pleine Assemblée électorale : « Je vous ai-t-appelé trois fois ; vous » n'avez pas répondu-z-à-mon appel. Un'autre-» fois soyez moins *indiscret*, et vous *verrez* » bien qu'on vous *appelle* en votre nom (1).

On peut aussi, dans des circulaires imposantes, dans des articles de journaux bien payés, s'annoncer comme un Candidat vertueux, indépendant, disposé à se montrer, à

(1) Historique.

la Chambre élective, défenseur zélé, ardent, de nos institutions constitutionnelles et monarchiques, et ne pas avoir du tout l'envie de tenir ses promesses; car toutes ces éclatantes protestations, ces bruyantes professions de foi, ces énergiques déclarations de principes, ne sont souvent que de véritables, mais inutiles et perfides sermens : nous en avons tant vu faire ! et on les a si religieusement tenus !

Et, de fait, combien s'en vont s'écriant qu'ils veulent la Charte, la monarchie, et qui, *in petto*, ne s'en soucient pas du tout; qui ne s'occupent ténébreusement qu'à renverser l'une et l'autre; qui ne disent jamais un mot en faveur du Roi, de sa famille, de la légitimité; qui n'ont pour but que de se populariser par leurs hypocrites insinuations, leurs véhémentes et mensongères vociférations, leurs déclamations fallacieuses; qui ne travaillent qu'à satisfaire leur irascible et incommensurable ambition; qui, enfin, n'affichent dans leurs discours et dans leurs écrits la plus intraitable indépendance, la plus dédaigneuse indifférence pour les places et les honneurs, qu'afin de s'y faire appeler, et sont tout prêts à les accepter, sans songer un moment aux promesses qu'ils font de les refuser ?

Eh! combien peut-être qui, bientôt députés, mais non encore possesseurs d'une fortune indépendante, voudraient bien, une fois arrivés sur les gradins de la Chambre, que l'autorité qu'ils gourmandent, attaquent et déconsidèrent chaque jour, s'avisât de tenter une bonne fois leur superbe indépendance ?

Je n'entends, au surplus, désigner ici personne; mais patience; plus tard, messieurs les incorruptibles, nous verrons bien.

Je reviens à mon sujet.

Pourquoi donc, au lieu d'aller fouiller dans des Biographies rédigées le plus souvent par la mauvaise foi, la méchanceté, la passion, et toujours par l'esprit de parti, pour en exhumer ses titres à la considération, à la gratitude, à la bienveillance de ses concitoyens ;

Au lieu de nous rappeler qu'on a été plusieurs fois revêtu des honorables fonctions de scrutateur électoral ;

Au lieu de nous débiter mille fadaises de même farine, et d'en farcir leurs insignifiantes circulaires, dont la rédaction saupoudrée de présomption et de suffisance ne vaut certainement pas le soin, le temps ou l'argent qu'elle coûte à leurs éditeurs ;

Au lieu de ce ridicule étalage de richesse,

d'indépendance, d'incorruptibilité ; de cet orgueilleux dédain pour les faveurs et les places ; de cette attitude pleine d'arrogance et de forfanterie ; de cet attirail despectueux en face de l'autorité et de la grandeur suprême, de ce misérable et vain simulacre de vertus mensongères, de désintéressement trompeur, de fallacieuse indifférence, qui ne séduisent personne ; au lieu de nous ressasser tant de pauvretés qui font sourire de pitié tous les gens raisonnables ;

Pourquoi, dis-je, tous ces Messieurs n'essaieraient-ils pas à se recommander, par un exposé naïf et modeste de services importans et *gratuits*, rendus à la société, à l'Etat, au pays, par leurs auteurs, par quelque membre de leur famille, ou par eux-mêmes, ce qui vaudrait encore mieux ?

Et, par exemple, je suppose un candidat qui, dans l'attitude de cette humble défiance qui sied si bien au mérite, au savoir, au talent, adresserait à ses collègues une allocution à peu près dans les termes suivans, et portant pour épigraphe ce vers si connu :

« Examinez ma vie, et voyez qui je suis. »

MESSIEURS,

En me présentant au milieu de vos nombreux candidats, je ne viens pas précisément vous dérouler mon éloge, mais simplement vous exposer le tableau des titres qui peuvent me donner quelque droit à votre bienveillance, à vos suffrages.

Plus tard, et en terminant ma supplique, j'aurai l'honneur de vous faire une déclaration solennelle des principes sévères auxquels je prête à l'avance le serment de me soumettre invariablement pour moi et les miens, pendant toute la durée du mandat dont votre honorable choix m'aura, mais ne m'a pas encore revêtu.

Ainsi, Messieurs, je ne vous dirai pas : j'ai fait long-temps le métier, l'état ou la profession, comme vous voudrez, d'épicier, de confiseur, de pharmacien, etc., et dans le roulis de mes affaires, j'ai amassé une fortune considérable et *indépendante*.

Ou bien, je suis le fils de l'orfèvre, ou du bijoutier, ou du brodeur de l'empereur de Maroc. En fabriquant des fourchettes ou des timballes, en brodant des babouches ou des juste-au-corps, en sertissant et vendant des bijoux, mon père a acquis de grandes richesses, et je me suis montré fort habile administrateur, en me donnant la peine de recueillir son intéressant héritage que personne ne m'a disputé ; ce qui a rendu ma tâche d'autant moins pénible, et m'a surtout trempé d'un caractère très-prononcé de désintéressement et d'*indépendance.*

Avec ces avantages, je me crois tous les talens, toutes les capacités, toutes les vertus nécessaires à un loyal et bon député, car la fortune assure tout cela à celui qui la possède ; en conséquence, je vous supplie de faire de moi un Législateur.

Je ne vous dirai pas : j'ai occupé, dans les bureaux de la guerre, de l'intérieur, de la justice, des finances, dans telle ou telle administration, des places, des emplois dont les émolumens, plus ou moins avantageux, m'étaient régulièrement payés (notez que tout employé peut en dire autant). Mais j'ai fini par être remercié, après avoir eu le talent, néanmoins, de m'assurer une fortune assez *indépendante ;* et, à ce titre, je me crois très-bon à faire un député.

Je ne vous dirai pas plus : mon grand-père était notaire ; mon père l'était, ma mère ... ne l'était pas ; je l'étais ou je le suis ; toutes choses également croyables. Tourmenté par des tracasseries ministérielles, je me suis déterminé à céder mon cabinet contre cinq à six cent mille francs ; je possède maintenant une fort jolie fortune qui me rend indépendant et presque incorruptible ; je me sens capable de devenir un ardent défenseur de nos droits, de nos libertés, de nos institutions constitutionnelles et monarchiques, enfin un excellent faiseur de lois. Je ne veux point de faveurs, point de places, point d'honneurs ; ma seule ambition, c'est d'être seulement pendant *sept ans*, moins *quatre mois*, votre représentant ; car ma situation financière me donne pour cela toutes qualités requises, et ma requête tend à ce qu'il vous plaise m'honorer de vos suffrages.

Je vous dirai moins encore : je suis fils d'un imprimeur ; mon père a imprimé un très gros livre en vingt ou trente volumes in-folio, qui maintenant ne sert plus que de marche-pied, ou à décorer le soubassement d'une bibliothèque. Je suis moi-même éditeur imprimeur ou imprimeur éditeur d'un grand nombre de lourds ouvrages avec lesquels vous soupçonnez bien que je n'ai pas cru devoir faire connaissance. J'en ai beaucoup débité par souscription ou autrement ; à travers de grosses pertes et de plus gros bénéfices, je me suis assez bien tiré d'affaire. Je possède une fortune considérable ; elle me rend indépendant : je fais des circulaires, je paie des journalistes pour faire mon apologie ; plusieurs se moquent de moi dans leurs articles. Je m'évertue, je m'agite en tous sens et de toutes manières pour me faire ouvrir les battans de l'Assemblée législative, parce que je me crois de cette précieuse matière avec laquelle on doit fabriquer un bon, un fier, un intrépide, un impayable législateur. J'ose espérer que vous voudrez bien m'octroyer votre bulletin.

Je ne vous dirai pas davantage, que j'ai été, depuis plusieurs années, constamment appelé par le résultat de vos scrutins, aux bureaux *définitifs ;* que j'ai eu l'honneur à presque toutes les sessions électorales, d'être nommé scrutateur *définitif*, secrétaire *définitif.*

Je ne vous étalerai pas dans des phrases banales, tous ces misérables et niais souvenirs, qui ne prouvent rien, sinon la nullité de Monsieur le riche secrétaire, ou scrutateur *définitif*, et que bien qu'installé fréquemment dans un poste aussi éminent et aussi difficile, néanmoins ses concitoyens ne lui ont pas reconnu les qualités et capacités convenables pour le métamorphoser en législateur, et le transplanter de la boutique d'un cordonnier, du chantier d'un marchand de bois, du comptoir de l'épicier, de l'atelier d'un tailleur, du magasin d'un bijoutier, de l'officine d'un pharmacin, etc., etc., dans le sanctuaire imposant de la Législature.

Enfin, Messieurs, je ne vous dirai pas davantage, car je m'exposerais au reproche que j'adresse à mes co-candidats : Mon père a exercé pendant trente ans la profession d'agréé au tribunal de commerce de la capitale, avec distinction, tout Paris le sait; mais c'était son affaire. Il a tâché de s'en tirer avec éclat, avec honneur; il s'est efforcé de s'y faire remarquer par son intelligence et sa capacité, il a essayé à faire mieux que les autres, comme chacun s'y efforce dans son métier, afin de s'attirer des cliens ou des pratiques, et de gagner ainsi plus d'argent. Sous ce rapport, je n'aurais à le louer que du soin qu'il aurait pris de son intérêt personnel, et c'est proprement et seulement ce que me semblent faire tous nos candidats du jour dans leurs fastueuses apologies.

Mais, Messieurs, je viens vous dire :

Mon père, dans la seule vue d'être utile à ses concitoyens, exerçant d'ailleurs noblement son état, dans lequel il a su conquérir l'estime et la considération générale, a pendant quatre années, dans les salles de la jurisdiction consulaire, aujourd'hui tribunal de commerce, tenu des conférences publiques et gratuites sur les matières commerciales; là, tous les commerçans, banquiers, négocians, marchands de la capitale, venaient l'entendre et profiter de ses leçons. Ici ce n'est point une affaire d'intérêt privé dont on n'aurait pas à se faire un mérite; c'est un objet d'utilité publique et purement désintéressé. C'est là sans doute un titre au souvenir et à la gratitude de la société.

Mon père a été membre du Conseil des Anciens, où plusieurs fois on l'a entendu élever une voix éloquente et courageuse, en faveur des créanciers de l'Etat et des malheureux rentiers, dans l'intérêt desquels il a prononcé trois ou quatre rapports remarquables. Avec de l'ambition et de l'intrigue, il eût pu devenir Sénateur, et aujourd'hui peut-être son fils pourrait être Pair de France.

Il a concouru, en qualité de membre de la commission nommée *ad hoc*, à la rédaction du Code de commerce, qui probablement ne serait pas exposé à subir les importantes corrections et modifications dont il a si grand besoin, si ses connaissances reconnues et son expérience consommée n'eussent éprouvé souvent les résistances de l'amour-propre, et quelquefois de l'ignorance en la matière.

Mon père enfin, pour beaucoup d'autres services rendus à la société dans des circonstances périlleuses, a eu pour récompense la croix d'honneur qu'il a préférée à une somme d'argent ; et pendant plusieurs années, il a exercé le ministère de juge à la Cour d'appel, aujourd'hui la Cour royale ; à sa mort il en remplissait encore les honorables et pénibles fonctions.

Puis, arrivant à mon frère, j'ai l'honneur de vous exposer, Messieurs, qu'abstraction faite de ses talens bien connus dans les affaires, il a été pendant douze ans maire de la commune de Pantin ; qu'il y a mérité la reconnaissance et les regrets de ses administrés, et même des autorités supérieures avec lesquelles il a été souvent obligé de se trouver en rapport, dans l'intérêt de cette commune ;

Que deux fois, dans le long cours de son administration, il a supporté le poids de la présence des alliés, contre lesquels, par son intelligente et courageuse opiniâtreté, il a su deux fois, au risque de sa vie, chaque jour compromise, protéger ses administrés de la ruine totale de leurs habitations et de leurs propriétés ;

Qu'il a le premier, comme maire, salué de ses hommages et de ses respects le Prince auguste qui nous gouverne aujourd'hui, ce royal chevalier, ce noble Français de plus entrant dans Paris en avril 1814 ; qu'il a été décoré de la croix, et nommé chevalier de l'ordre royal de la légion d'honneur ;

Qu'enfin, à force de démarches, de soins et de tenacité (car, en fait de services rendus, il ne faut rien oublier), il est parvenu à obtenir, pour sa commune, l'édification d'un cimetière où reposent, hélas! ses restes mortels sous l'humble monument tumulaire portant la modeste inscription qui perpétue le souvenir des services ci-dessus rappelés.

Enfin, Messieurs, arrivant à parler de moi, car c'est de moi principalement qu'il s'agit en ce moment, j'aurai l'honneur de vous dire, non pas que je fus chargé de courir après la Famille Royale, fuyant, en 1791, la tyrannie révolutionnaire, et de la ramener triomphalement au milieu de ses futurs bourreaux, mais que je me glissai furtivement parmi tous ceux qui l'accompagnaient, pour l'aider à se soustraire à la fureur du tripot sanguinaire qui se disposait à l'égorger en holocauste à la hideuse Statue de la Liberté ;

Que sans trop savoir où les bruyantes jongleries de la Révolution nous conduisaient, j'endossai, en 1790, l'uniforme de la Garde nationale ; mais que la Farce de la Fédération, au Champ de Mars, où je fus couvert de sueur, de poussière et de pluie, et exténué de fatigue, de soif et de faim, me détermina à déposer bien vîte ma casaque militaire, que, plus tard, revêtit à son tour un de mes infortunés parens, partant comme réquisitionnaire, et dont je n'ai plus entendu parler depuis ;

Que son frère, en récompense, a péri, âgé seulement de 19 ans, par la hache des Jacobins, sur l'échafaud banal dressé par la Liberté (1). Il est vrai qu'il eut la fatale imprudence d'insérer, dans une lettre adressée à Bordeaux, des vers que j'avais faits contre Marat, Robespierre, et autres braves gens de même calibre, et qu'il n'eut pas le *vertueux* courage d'en déclarer l'auteur au tribunal de sang ; ce qui eût cependant passé pour un beau

---

(1) 11 décembre 1793.

trait de générosité républicaine. La pièce se terminait ainsi :

Dans ce siècle falot, tel est notre délire :
Le plus sot se croit fait pour gouverner l'Empire ;
Un Marat siége au rang de nos législateurs,
Et ce vil assassin a des admirateurs ;
L'orateur des tréteaux s'érige en Démosthène ;
Le Santerre mousseux se croit plus qu'un Turenne,
Et ce lourd commandant n'est qu'un épais brasseur ;
Le neveu de Damien veut être dictateur ;
Le plus mince village à Paris s'assimile ;
Et l'histrion Bordier croit égaler Préville (1).

Depuis, et dans mainte grave circonstance, je me suis montré, au péril de mes jours, au milieu des jeunes et courageux citoyens qui

---

(1) Cette pièce, intitulée, *la Pétition du 31 mai 1793*, circula alors dans tout Paris.

Elle a été imprimée dans le petit Recueil que j'ai publié en février 1827, sous le titre d'*Etrennes aux Amis de la Tranquillité*, que personne n'a lu, mais qu'on pourra trouver chez Anthelme Boucher, rue des Bons-Enfans, n°. 38, où l'édition est encore toute entière, pour 50 c. au profit des pauvres, ou chez moi *gratis*. Les vers qu'on vient de lire y ont été changés.

poursuivaient et harcelaient la séquelle du Jacobinisme, et qui ont fini par l'ensevelir, avec le buste de Marat, dans les immondices de l'égoût Montmartre, d'où je croyais bien qu'il ne s'échapperait jamais !

En germinal de l'an 3, j'ai fait chanter sur divers Théâtres, notamment du Vaudeville, des Variétés, et de l'Opéra-Comique, par une grosse basse-taille qui s'y trouvait alors, des Couplets remplis d'énergie contre le retard de la procédure qu'instruisait la Convention contre Collot-d'Herbois, Vadier, Amar, Barrère et consorts.

En prairial suivant, au risque de me faire assommer par quelques canonniers de la Section Lepelletier, je haranguai à la romaine, monté sur une borne de la rue Vivienne, les bons citoyens de cette Section, qui, faute d'ordres, hésitaient à marcher au secours de la Convention, un peu radoucie, et menacée en ce moment par les furibonds d'un faubourg où l'on avait coupé la tête au régicide Représentant Ferraud.

Le soir, j'étais avec une immense quantité de jeunes gens réunis autour de la Salle des Séances, où nous pénétrâmes au moment qu'un coup de pistolet menaça les jours du Président Boissy d'Anglas.

Le lendemain, je crois, je fus du nombre des mille ou douze cents jeunes héros envoyés au faubourg Antoine pour en enlever les canons; ce que nous fîmes, mais où nous pensâmes tous être écharpés, au moyen des barricades que nous trouvâmes, en nous retournant, et que venait d'établir toute la population insurgée et armée contre nous.

A l'époque du trop fameux vendémiaire, un décret fut rendu, par lequel on punissait de mort tous ceux qui, dans les réunions sectionnaires, accepteraient quelques fonctions ou missions : elles menaçaient alors la Convention, qui reprenait son attitude meurtrière; et aussitôt que ce décret fut connu de l'assemblée de ma Section, celle de la Réunion, je montai à la tribune, pénétré d'indignation : j'étais alors un peu énergumène (1), il y en a eu dans tous les temps, et demandai à être nommé commissaire pour communiquer nos délibérations à la Section Lepelletier, ce qui, *quoiqu'assez illégal*, me fut à l'instant octroyé.

Je remplis mon mandat avec plus de cou-

(1) J'avais alors vingt-cinq ans, j'en ai aujourd'hui soixante.

rage que de talent; mais après le combat du 13, un avertissement charitable me fut donné; on me conseilla de gagner le pays. Je crus le conseil salutaire, je partis, et m'absentai, fugitif et proscrit quelques mois, pendant lesquels je composai des vers *quales ego vel cluvienus*, où je racontais les petites horreurs de la Révolution, et qui se trouvent aussi dans les *Etrennes aux Amis de la Tranquillité*, sous le titre du *Proscrit de Vendémiaire an 4*.

Je pourrais bien allonger la courroie, et vous réciter ce qui m'arriva sous le Directoire, au moment du 18 fructidor an 5, à raison de certaine chanson que je fis contre lui, et qu'un commensal de M. Barras me demanda pour la lui lire, et ne m'a pas rendue, et aussi à cause de quelques petits articles glissés furtivement dans divers journaux;

Vous dire encore les dangers que j'ai courus sous l'empire débonnaire de l'*homme grave*, si heureusement qualifié tel par M. Boulay, du département de la Meurthe, et les rudes injonctions que je reçus alors de feu M. l'ancien Ministre de la Police, Fouché.

—Mais j'arrive d'un saut à la restauration au succès de laquelle je crois avoir participé aussi ardemment et aussi efficacement que tout autre de Messieurs les actuels Candidats ; aux cent jours , pendant lesquels je publiai divers pamphlets contre le retour inopiné du grand vainqueur, et en faveur de l'auguste Famille dont il venait usurper une seconde fois le Trône et la Couronne.

Enfin, et toujours pour abréger, car, vous le voyez, je n'aime pas les longues apologies, arrivant à des époques plus rapprochées, je pourrais ajouter qu'à l'avénement de Charles X au trône, j'ai, dans une épître assez facilement rimée et qui, devant vous, pourrait bien n'être pas la meilleure pièce de mon sac, fait preuve d'une opinion royaliste, assez prononcée ; mais aussi que j'ai depuis lancé quelques vers, couplets et chansons satyriques, contre le Ministère déçu et déchu, que je maudissais chaque jour, parce que je voyais bien qu'il marchait tout de travers, et que les aventureuses opérations financières de son chef allaient droit à altérer le crédit public, à déconsidérer le Gouvernement, à détruire l'amour et le respect des Peuples pour le Souverain et sa Famille, à ébranler enfin le Trône et la Monarchie dans leurs plus solides fondemens; ainsi que cela est arrivé et que je l'avais prédit dans mon Ecrit contre la désastreuse mesure du

Trois pour Cent, que je publiai et distribuai aux deux Chambres, la veille de l'ouverture de la discussion y relative, sous le titre: *Dernier Cri*, *dernières Plaintes*, *derniers Gémissemens des Rentiers* (1), que personne n'a lu, pas même MM. les Députés, pour lesquels il était fait, et qui pourtant méritait bien d'être lu, au moins par eux.

Je m'arrête, Messieurs; car voilà, j'ose le penser, assez de droits acquis à votre considération, et auxquels j'en pourrais joindre beaucoup d'autres non moins et peut-être plus imposans, mais sur lesquels ma modestie bien connue croit inutile de fixer votre attention.

Ah! j'oubliais: encore un mot, Messieurs; mais non: je voulais vous parler d'une Ode, lue le 19 janvier 1793, dans les Salons du *Parfait Accord*, contre la condamnation de l'infortuné Louis XVI; du refus que je fis d'aller, le jour de son exécrable assassinat, avec les Gardes Nationaux de ma Section, pour former la haie sur les Boulevards; d'un fameux Discours que je prononçai contre le Jacobinisme renaissant et rugissant, le 3 germinal an 3, à

---

(1) Chez Anthelme Boucher, et les Libraires du Palais-Royal.

l'Assemblée de la Section des Piques. M. *R.*[be], M. *S*[t].-*D*[er]., M. *B. Cre*...., et M. Lecouteulx de Canteleu, s'ils vivent encore, peuvent s'en souvenir. Mais ce sont là peccadilles du temps, qui ne pourraient, je pense, ajouter à mes recommandations, et peut-être même produire un effet tout contraire.

Je termine donc, Messieurs : si tout ce que je viens d'étaler de titres à la bienveillance, à l'estime, aux suffrages de mes Concitoyens et de mes Collègues ; était pour eux un sûr garant de ma conduite future, et qu'il vous prît fantaisie de me créer Député, vous pourriez, en toute sécurité, compter sur un Défenseur intrépide et incorruptible de la Monarchie légitime, du Roi, de sa Famille ; (car, au rebours de la plupart des autres Candidats, moi je commence toujours par ces objets sacrés) ; puis, sur un partisan chaud et inébranlable de nos belles, grandes et sages Institutions ; puis, sur une stricte et imperturbable observation de notre Charte, immortelle comme le Roi Législateur qui a bien voulu nous l'octroyer, etc. etc. etc. ; et tout cela, Messieurs, comme le fidèle et loyal Blondel, sans espoir d'autre récompense que la satisfaction d'être l'un des Représentans du Peuple français, et d'en remplir consciencieusement et constitutionnellement l'honorable et pénible mandat.

J'ai l'honneur d'être, en attendant, etc.

Convenez avec moi, mon ami, que si, parmi les nombreux Candidats qui nous assiègent de leurs visites et de leurs circulaires, il s'en présentait avec des antécédens aussi imposans, avec une exposition aussi recommandable de ses droits à la candidature, et dont, sans trop me flatter, j'ose prétendre que peu de contemporains, tant vieillards tannés de l'ancien Régime, qu'enfans brillans de la Révolution, peuvent se parer, nous pourrions comprendre alors comment on peut s'estimer digne de se produire *coram populo* et *comitiis astantibus*, à la face de ses concitoyens, la pancarte de ses titres à la main, demandant pour unique salaire une petite place de deux pieds carrés sur les banquettes de la Chambre élective.

Quant à moi, mon ami, qui ne me crois pas plus capable que tous nos fiers Candidats, mais autant qu'eux, cependant;

Quant à moi, qu'un grand nombre de mes amis, électeurs et éligibles comme moi, paraissent vouloir honorer de leurs suffrages, parce qu'ils sont certains de mes sentimens et de mes opinions, et me savent dans une indépendance *absolue* de fortune, quoiqu'assez bornée pour que je la visse avec plaisir prendre un peu d'accroissement ;

Comme j'ai l'intime conviction que, dès qu'on a l'honneur et le bonheur de devenir député, il faut non-seulement être riche, désintéressé, indépendant, incorruptible, mais surtout avoir du talent, du savoir, de la capacité, et que c'est là plus spécialement ce qui me manque, ainsi qu'à tant de ces Messieurs qui, au bout de sept années, n'auront peut-être fait connaître d'eux que leur nullité *absolue* :

Je crois devoir prévenir sur mes dispositions bien arrêtées, ceux de mes collègues les Electeurs comme vous et moi, mon ami, qui, attendu mon zèle ardent pour le bien public, et considérant peut-être ma petite fortune, et conséquemment ma situation indépendante comme le gage certain du talent, en somme, de toutes les qualités requises pour établir un bon, solide et loyal représentant, se trouvent, soit par bienveillance, soit par le besoin si naturel de récompenser tant de titres qu'ils me supposent à la gratitude générale, disposés à me donner leur vote, et manifestent sérieusement l'obligeante intention de me porter et l'ardent désir de me voir arriver à la Députation.

Je crois donc devoir leur déclarer, et je leur déclare hautement, et dans toute la franchise et la sincérité de mon âme, qui, par sa pureté, sa candeur, en vaut bien une autre, que, dussé-je réunir même une double majorité, ce qui, par le temps qui court, me paraît un peu douteux, mais pourtant ne serait pas d'une impossibilité *absolue* (diable de mot qui vient toujours se glisser sous ma plume), toutes les voix qui me seront données le seront en pure perte, parce que je ne pourrais, en conscience et pour les raisons que j'ai dites plus haut, accepter une mission trop honorable, et surtout pour moi trop imposante; car, je dois l'avouer, je ne me sens pas trop assuré d'être, de la tête aux pieds, trempé, enveloppé, cuirassé d'une indépendance, d'un désintéressement, d'une incorruptibilité impénétrables : *Non mihi robur et æs tripplex circà pectus* et que de talons encore aussi vulnérables que celui d'Achille !

En conséquence, je les *engage*, je les *conjure*, je les *supplie* de vouloir bien, quelque douloureux qu'en soit le sacrifice, reporter sur des Eligibles plus capables et plus dignes leur bienveillance et leurs suffrages, dont néanmoins je m'empresse de les remercier comme et avec autant de sincérité et de reconnaissance que si, moi les sollicitant, ils parvenaient, *ad majorem gloriam* de la Candidature, à me faire proclamer membre de la Chambre élective, représentative et législative.

Adieu, mon cher ami et collègue,

Votre ami et collègue,

G.

Densambon, 27 fevrier 1828.

www.ingramcontent.com/pod-product-compliance
Ingram Content Group UK Ltd.
Pitfield, Milton Keynes, MK11 3LW, UK
UKHW022320170726
13837UKWH00005BA/2095

9 782329 171968